IF FOUND,
PLEASE RETURN TO:

_____

_____

_____

_____

_____

Yao Cheng is an artist and designer based in Columbus, Ohio.
Her modern watercolors are inspired by color, nature, and
the beauty of the unexpected. Find more gifts by Yao Cheng at
www.chroniclebooks.com. For the full range of Yao Cheng
products, visit www.yaochengdesign.com.

Text copyright © 2017 by Chronicle Books LLC.
Artwork copyright © 2017 by Yao Cheng.

ISBN 978-1-4521-6460-1

Manufactured in India

FSC
www.fsc.org

MIX
Paper from
responsible sources
FSC™ C016779

20 19 18 17 16 15 14 13 12

Chronicle Books LLC
680 Second Street
San Francisco, California 94107
www.chroniclebooks.com

A CONDENSED, COMPARATIVE RECORD FOR FIVE YEARS, FOR RECORDING EVENTS MOST WORTHY OF REMEMBRANCE.

HOW TO USE THIS BOOK

To begin, turn to today's calendar date, and fill in the year at the top of the page's first entry. Here, you can add your thoughts on the present day's events. On the next day, turn the page and fill in the year accordingly. Do likewise throughout the year. When the year has ended, start the next year in the second entry space on the page, and so on through the remaining years.

JANUARY 1

20___

20___

20___

20___

20___

JANUARY 2

20____ _____

20____ _____

20____ _____

20____ _____

20____ _____

JANUARY 3

20___ _____

20___ _____

20___ _____

20___ _____

20___ _____

JANUARY 4

20___

20___

20___

20___

20___

JANUARY 5

20____ _____

20____ _____

20____ _____

20____ _____

20____ _____

20___ _____

20___ _____

20___ _____

20___ _____

20___ _____

20___

20___

20___

20___

20___

20___ _____

20___ _____

20___ _____

20___ _____

20___ _____

JANUARY 9

20___

20___

20___

20___

20___

JANUARY 10

20___

20___

20___

20___

20___

20___

20___

20___

20___

20___

20___

20___

20___

20___

20___

20___ _____

_____

_____

_____

_____

20___ _____

_____

_____

_____

_____

20___ _____

_____

_____

_____

_____

20___ _____

_____

_____

_____

_____

20___ _____

_____

_____

_____

_____

20___ _____

_____

_____

_____

_____

20___ _____

_____

_____

_____

_____

20___ _____

_____

_____

_____

_____

20___ _____

_____

_____

_____

_____

20___ _____

_____

_____

_____

_____

20___ _____

20___ _____

20___ _____

20___ _____

20___ _____

20___

20___

20___

20___

20___

20___

20___

20___

20___

20___

20___ _____
_____
_____
_____
_____

20___ _____
_____
_____
_____
_____

20___ _____
_____
_____
_____
_____

20___ _____
_____
_____
_____
_____

20___ _____
_____
_____
_____
_____

JANUARY 19

20___ _____

20___ _____

20___ _____

20___ _____

20___ _____

20___

20___

20___

20___

20___

JANUARY 21

20___

20___

20___

20___

20___

20___

20___

20___

20___

20___

20___

20___

20___

20___

20___

20___

20___

20___

20___

20___

20___

20___

20___

20___

20___

20___ _____

_____

_____

_____

_____

20___ _____

_____

_____

_____

20___ _____

_____

_____

_____

20___ _____

_____

_____

_____

20___ _____

_____

_____

_____

20___ _____

20___ _____

20___ _____

20___ _____

20___ _____

20___

20___

20___

20___

20___

20___

20___

20___

20___

20___

20___

20___

20___

20___

20___

20___ _____

20___ _____

20___ _____

20___ _____

20___ _____

FEBRUARY 1

20___ _____

20___ _____

20___ _____

20___ _____

20___ _____

20___

20___

20___

20___

20___

20___

20___

20___

20___

20___

FEBRUARY 4

20___ _____

20___ _____

20___ _____

20___ _____

20___ _____

20___

20___

20___

20___

20___

FEBRUARY 6

20___

20___

20___

20___

20___

20___

20___

20___

20___

20___

20___ _____

20___ _____

20___ _____

20___ _____

20___ _____

FEBRUARY 9

20___

20___

20___

20___

20___

20___

20___

20___

20___

20___

20___

20___

20___

20___

20___

20___ _____

20___ _____

20___ _____

20___ _____

20___ _____

20___

20___

20___

20___

20___

FEBRUARY 14

20___

20___

20___

20___

20___

20___ _____

20___ _____

20___ _____

20___ _____

20___ _____

20___ _____

_____

_____

_____

_____

20___ _____

_____

_____

_____

_____

20___ _____

_____

_____

_____

_____

20___ _____

_____

_____

_____

_____

20___ _____

_____

_____

_____

_____

20___

20___

20___

20___

20___

20___

20___

20___

20___

20___

20___ _____
_____
_____
_____
_____

20___ _____
_____
_____
_____
_____

20___ _____
_____
_____
_____
_____

20___ _____
_____
_____
_____
_____

20___ _____
_____
_____
_____
_____

20____ _____

20____ _____

20____ _____

20____ _____

20____ _____

FEBRUARY 21

20___

20___

20___

20___

20___

20___

20___

20___

20___

20___

20____

20____

20____

20____

20____

20___ _____

_____

_____

_____

_____

20___ _____

_____

_____

_____

_____

20___ _____

_____

_____

_____

_____

20___ _____

_____

_____

_____

_____

20___ _____

_____

_____

_____

_____

20___

20___

20___

20___

20___

20___

20___

20___

20___

20___

20___

20___

20___

20___

20___

20___

20___

20___

20___

20___

FEBRUARY 29

20___

20___

20___

20___

20___

20___

20___

20___

20___

20___

20___

20___

20___

20___

20___

20___

20___

20___

20___

20___

20___

20___

20___

20___

20___

MARCH 5

20___

20___

20___

20___

20___

20___ _____
_____
_____
_____
_____

20___ _____
_____
_____
_____
_____

20___ _____
_____
_____
_____
_____

20___ _____
_____
_____
_____
_____

20___ _____
_____
_____
_____
_____

MARCH 7

20___

20___

20___

20___

20___

20___

20___

20___

20___

20___

MARCH 9

20___

20___

20___

20___

20___

20___

20___

20___

20___

20___

MARCH 11

20___

20___

20___

20___

20___

MARCH 12

20____

20____

20____

20____

20____

20___

20___

20___

20___

20___

20___

20___

20___

20___

20___

20___

20___

20___

20___

20___

MARCH 16

20___

20___

20___

20___

20___

MARCH 17

20___

20___

20___

20___

20___

20____

20____

20____

20____

20____

20___

20___

20___

20___

20___

20___ _____

20___ _____

20___ _____

20___ _____

20___ _____

20___ _____

20___ _____

20___ _____

20___ _____

20___ _____

20___

20___

20___

20___

20___

20___

20___

20___

20___

20___

MARCH 24

20___

20___

20___

20___

20___

MARCH 25

20___ _____

20___ _____

20___ _____

20___ _____

20___ _____

20___

20___

20___

20___

20___

20___

20___

20___

20___

20___

20___

20___

20___

20___

20___

20___

20___

20___

20___

20___

MARCH 30

20___ _____

20___ _____

20___ _____

20___ _____

20___ _____

20___

20___

20___

20___

20___

20___ _____
_____
_____
_____
_____

20___ _____
_____
_____
_____
_____

20___ _____
_____
_____
_____
_____

20___ _____
_____
_____
_____
_____

20___ _____
_____
_____
_____
_____

20_____

20_____

20_____

20_____

20_____

20___ _____

20___ _____

20___ _____

20___ _____

20___ _____

20___

20___

20___

20___

20___

APRIL 5

20___

20___

20___

20___

20___

20___

20___

20___

20___

20___

20___

20___

20___

20___

20___

APRIL 8

20___ _____

20___ _____

20___ _____

20___ _____

20___ _____

20____ _____

20____ _____

20____ _____

20____ _____

20____ _____

APRIL 10

20___

20___

20___

20___

20___

20____

20____

20____

20____

20____

APRIL 12

20___

20___

20___

20___

20___

20___ _____

20___ _____

20___ _____

20___ _____

20___ _____

APRIL 14

20___

20___

20___

20___

20___

20____ _____
_____
_____
_____
_____

20____ _____
_____
_____
_____
_____

20____ _____
_____
_____
_____
_____

20____ _____
_____
_____
_____
_____

20____ _____
_____
_____
_____
_____

APRIL 16

20___

20___

20___

20___

20___

20___ _____

20___ _____

20___ _____

20___ _____

20___ _____

APRIL 18

20___

20___

20___

20___

20___

APRIL 19

20___

20___

20___

20___

20___

20___

20___

20___

20___

20___

20___ _____

20___ _____

20___ _____

20___ _____

20___ _____

20___

20___

20___

20___

20___

APRIL 23

20___ _____

20___ _____

20___ _____

20___ _____

20___ _____

20___

20___

20___

20___

20___

20___

20___

20___

20___

20___

APRIL 26

20___

20___

20___

20___

20___

20___ _____

20___ _____

20___ _____

20___ _____

20___ _____

APRIL 28

20___ _____

20___ _____

20___ _____

20___ _____

20___ _____

20___ _____

20___ _____

20___ _____

20___ _____

20___ _____

20____ _____

20____ _____

20____ _____

20____ _____

20____ _____

20___

20___

20___

20___

20___

MAY 2

20___

20___

20___

20___

20___

MAY 3

20___

20___

20___

20___

20___

MAY 4

20___ _____

20___ _____

20___ _____

20___ _____

20___ _____

20___ _____
_____
_____
_____
_____

20___ _____
_____
_____
_____
_____

20___ _____
_____
_____
_____
_____

20___ _____
_____
_____
_____
_____

20___ _____
_____
_____
_____
_____

20___

20___

20___

20___

20___

MAY 7

20___ _____

20___ _____

20___ _____

20___ _____

20___ _____

MAY 8

20___

20___

20___

20___

20___

20___

20___

20___

20___

20___

20___

20___

20___

20___

20___

20_____

20_____

20_____

20_____

20_____

20___

20___

20___

20___

20___

20___

20___

20___

20___

20___

20___

20___

20___

20___

20___

20___ _____
_____
_____
_____
_____

20___ _____
_____
_____
_____
_____

20___ _____
_____
_____
_____

20___ _____
_____
_____
_____
_____

20___ _____
_____
_____
_____
_____

20____

20____

20____

20____

20____

20___

20___

20___

20___

20___

MAY 18

20___ _____

20___ _____

20___ _____

20___ _____

20___ _____

MAY 19

20___

20___

20___

20___

20___

20_____

20_____

20_____

20_____

20_____

20___ _____

20___ _____

20___ _____

20___ _____

20___ _____

20___

20___

20___

20___

20___

20___

20___

20___

20___

20___

MAY 24

20___ _____
_____
_____
_____
_____

20___ _____
_____
_____
_____
_____

20___ _____
_____
_____
_____
_____

20___ _____
_____
_____
_____
_____

20___ _____
_____
_____
_____
_____

20___ _____

20___ _____

20___ _____

20___ _____

20___ _____

20___

20___

20___

20___

20___

20___

20___

20___

20___

20___

20___

20___

20___

20___

20___

20___ _____
_____
_____
_____
_____

20___ _____
_____
_____
_____
_____

20___ _____
_____
_____
_____
_____

20___ _____
_____
_____
_____
_____

20___ _____
_____
_____
_____
_____

MAY 30

20___ _____

20___ _____

20___ _____

20___ _____

20___ _____

20___

20___

20___

20___

20___

JUNE 1

20___ _____

20___ _____

20___ _____

20___ _____

20___ _____

20___ _____

20___ _____

20___ _____

20___ _____

20___ _____

20____

20____

20____

20____

20____

20___

20___

20___

20___

20___

20___

20___

20___

20___

20___

JUNE 6

20___ _____

20___ _____

20___ _____

20___ _____

20___ _____

20___

20___

20___

20___

20___

JUNE 8

20___

20___

20___

20___

20___

JUNE 9

20___

20___

20___

20___

20___

20___ _____

20___ _____

20___ _____

20___ _____

20___ _____

20___

20___

20___

20___

20___

20____

20____

20____

20____

20____

20___

20___

20___

20___

20___

20___

20___

20___

20___

20___

JUNE 15

20___

20___

20___

20___

20___

20___

20___

20___

20___

20___

JUNE 17

20___

20___

20___

20___

20___

20___

20___

20___

20___

20___

20_____

20_____

20_____

20_____

20_____

20_____ _____

20_____ _____

20_____ _____

20_____ _____

20_____ _____

20___

20___

20___

20___

20___

20___ _____

20___ _____

20___ _____

20___ _____

20___ _____

20___ _____

20___ _____

20___ _____

20___ _____

20___ _____

20___

20___

20___

20___

20___

JUNE 25

20___

20___

20___

20___

20___

20__

20__

20__

20__

20__

20___ _____

20___ _____

20___ _____

20___ _____

20___ _____

JUNE 28

20___

20___

20___

20___

20___

JUNE 29

20___ _____

20___ _____

20___ _____

20___ _____

20___ _____

20___

20___

20___

20___

20___

JULY 1

20___ _____

20___ _____

20___ _____

20___ _____

20___ _____

20___ _____

20___ _____

20___ _____

20___ _____

20___ _____

20___ _____

20___ _____

20___ _____

20___ _____

20___ _____

20___

20___

20___

20___

20___

JULY 5

20___

20___

20___

20___

20___

JULY 6

20___

20___

20___

20___

20___

20___

20___

20___

20___

20___

JULY 8

20___

20___

20___

20___

20___

JULY 9

20___ _____

20___ _____

20___ _____

20___ _____

20___ _____

20___

20___

20___

20___

20___

20___

20___

20___

20___

20___

20___ _____

20___ _____

20___ _____

20___ _____

20___ _____

20___

20___

20___

20___

20___

20___

20___

20___

20___

20___

20____

20____

20____

20____

20____

20___

20___

20___

20___

20___

20___ _____

20___ _____

20___ _____

20___ _____

20___ _____

20___

20___

20___

20___

20___

JULY 19

20___

20___

20___

20___

20___

20___

20___

20___

20___

20___

20____

20____

20____

20____

20____

20___ _____

20___ _____

20___ _____

20___ _____

20___ _____

20____

20____

20____

20____

20____

20___

20___

20___

20___

20___

20___

20___

20___

20___

20___

20___ _____

_____

_____

_____

_____

20___ _____

_____

_____

_____

_____

20___ _____

_____

_____

_____

_____

20___ _____

_____

_____

_____

_____

20___ _____

_____

_____

_____

_____

20___

20___

20___

20___

20___

JULY 28

20___

20___

20___

20___

20___

20___

20___

20___

20___

20___

20___

20___

20___

20___

20___

20___

20___

20___

20___

20___

AUGUST 1

20___ _____

20___ _____

20___ _____

20___ _____

20___ _____

20___

20___

20___

20___

20___

AUGUST 3

20___

20___

20___

20___

20___

AUGUST 4

20___

20___

20___

20___

20___

20___ _____
_____
_____
_____
_____

20___ _____
_____
_____
_____

20___ _____
_____
_____
_____

20___ _____
_____
_____
_____

20___ _____
_____
_____
_____

AUGUST 6

20___ _____

20___ _____

20___ _____

20___ _____

20___ _____

20___

20___

20___

20___

20___

AUGUST 8

20____

20____

20____

20____

20____

20___

20___

20___

20___

20___

AUGUST 10

20___

20___

20___

20___

20___

20___

20___

20___

20___

20___

AUGUST 12

20___

20___

20___

20___

20___

20___

20___

20___

20___

20___

20____

20____

20____

20____

20____

20___

20___

20___

20___

20___

AUGUST 16

20___

20___

20___

20___

20___

20___

20___

20___

20___

20___

AUGUST 18

20___ _____

20___ _____

20___ _____

20___ _____

20___ _____

20___

20___

20___

20___

20___

20___

20___

20___

20___

20___

20___ _____

20___ _____

20___ _____

20___ _____

20___ _____

AUGUST 22

20___

20___

20___

20___

20___

20___

20___

20___

20___

20___

AUGUST 24

20___

20___

20___

20___

20___

20___

20___

20___

20___

20___

AUGUST 26

20___

20___

20___

20___

20___

20___

20___

20___

20___

20___

AUGUST 28

20___

20___

20___

20___

20___

20___

20___

20___

20___

20___

20___

20___

20___

20___

20___

20___

20___

20___

20___

20___

SEPTEMBER 1

20___

20___

20___

20___

20___

20___ _____

_____

_____

_____

_____

20___ _____

_____

_____

_____

_____

20___ _____

_____

_____

_____

_____

20___ _____

_____

_____

_____

_____

20___ _____

_____

_____

_____

_____

20___ _____

20___ _____

20___ _____

20___ _____

20___ _____

20___

20___

20___

20___

20___

SEPTEMBER 5

20___

20___

20___

20___

20___

20___

20___

20___

20___

20___

SEPTEMBER 7

20___

20___

20___

20___

20___

SEPTEMBER 8

20____

20____

20____

20____

20____

20_____

20_____

20_____

20_____

20_____

20___ _____

20___ _____

20___ _____

20___ _____

20___ _____

SEPTEMBER 11

20___

20___

20___

20___

20___

20____ _____

20____ _____

20____ _____

20____ _____

20____ _____

SEPTEMBER 13

20___

20___

20___

20___

20___

20___

20___

20___

20___

20___

SEPTEMBER 15

20___

20___

20___

20___

20___

20___

20___

20___

20___

20___

SEPTEMBER 17

20___

20___

20___

20___

20___

20___ _____

_____

_____

_____

_____

20___ _____

_____

_____

_____

_____

20___ _____

_____

_____

_____

_____

20___ _____

_____

_____

_____

_____

20___ _____

_____

_____

_____

_____

SEPTEMBER 19

20___

20___

20___

20___

20___

20___ _____
_____
_____
_____
_____

20___ _____
_____
_____
_____
_____

20___ _____
_____
_____
_____

20___ _____
_____
_____
_____

20___ _____
_____
_____
_____
_____

20___ _____

20___ _____

20___ _____

20___ _____

20___ _____

20___

20___

20___

20___

20___

20____

20____

20____

20____

20____

SEPTEMBER 24

20___

20___

20___

20___

20___

20___

20___

20___

20___

20___

20___

20___

20___

20___

20___

20___

20___

20___

20___

20___

20___

20___

20___

20___

20___

20___

20___

20___

20

20___

20____

20____

20____

20____

20____

20___

20___

20___

20___

20___

20___

20___

20___

20___

20___

20___

20___

20___

20___

20___

OCTOBER 4

20___ _____

20___ _____

20___ _____

20___ _____

20___ _____

20___ _____

20___ _____

20___ _____

20___ _____

20___ _____

20___

20___

20___

20___

20___

20___

20___

20___

20___

20___

OCTOBER 8

20____

20____

20____

20____

20____

OCTOBER 9

20____

20____

20____

20____

20____

20____

20____

20____

20____

20____

OCTOBER 11

20___

20___

20___

20___

20___

20____

20____

20____

20____

20____

OCTOBER 13

20___

20___

20___

20___

20___

OCTOBER 14

20___ _____

20___ _____

20___ _____

20___ _____

20___ _____

20___ _____

_____

_____

_____

20___ _____

_____

_____

_____

20___ _____

_____

_____

_____

20___ _____

_____

_____

_____

20___ _____

_____

_____

_____

20___ _____
_____
_____
_____
_____

20___ _____
_____
_____
_____
_____

20___ _____
_____
_____
_____
_____

20___ _____
_____
_____
_____
_____

20___ _____
_____
_____
_____
_____

OCTOBER 17

20____

20____

20____

20____

20____

20___

20___

20___

20___

20___

OCTOBER 19

20___

20___

20___

20___

20___

20___ _____

_____

_____

_____

_____

20___ _____

_____

_____

_____

_____

20___ _____

_____

_____

_____

_____

20___ _____

_____

_____

_____

_____

20___ _____

_____

_____

_____

_____

20___

20___

20___

20___

20___

20___ _____

20___ _____

20___ _____

20___ _____

20___ _____

20___ _____

20___ _____

20___ _____

20___ _____

20___ _____

20___

20___

20___

20___

20___

OCTOBER 25

20___

20___

20___

20___

20___

20___

20___

20___

20___

20___

20___

20___

20___

20___

20___

OCTOBER 28

20___

20___

20___

20___

20___

OCTOBER 29

20___

20___

20___

20___

20___

20____

20____

20____

20____

20____

OCTOBER 31

20___ _____
_____
_____
_____
_____

20___ _____
_____
_____
_____
_____

20___ _____
_____
_____
_____
_____

20___ _____
_____
_____
_____
_____

20___ _____
_____
_____
_____
_____

20___

20___

20___

20___

20___

NOVEMBER 2

20___

20___

20___

20___

20___

20___

20___

20___

20___

20___

NOVEMBER 4

20___

20___

20___

20___

20___

20___ _____

20___ _____

20___ _____

20___ _____

20___ _____

20___ _____

20___ _____

20___ _____

20___ _____

20___ _____

20___

20___

20___

20___

20___

NOVEMBER 8

20____

20____

20____

20____

20____

20___

20___

20___

20___

20___

NOVEMBER 10

20___

20___

20___

20___

20___

20___

20___

20___

20___

20___

NOVEMBER 12

20___

20___

20___

20___

20___

20___ _____

_____

_____

_____

_____

20___ _____

_____

_____

_____

_____

20___ _____

_____

_____

_____

20___ _____

_____

_____

_____

_____

20___ _____

_____

_____

_____

_____

20___

20___

20___

20___

20___

NOVEMBER 15

20___

20___

20___

20___

20___

NOVEMBER 16

20___

20___

20___

20___

20___

20___

20___

20___

20___

20___

NOVEMBER 18

20___

20___

20___

20___

20___

NOVEMBER 19

20____

20____

20____

20____

20____

20___

20___

20___

20___

20___

20___ _____

20___ _____

20___ _____

20___ _____

20___ _____

20___

20___

20___

20___

20___

20___ _____
_____
_____
_____
_____

20___ _____
_____
_____
_____
_____

20___ _____
_____
_____
_____
_____

20___ _____
_____
_____
_____
_____

20___ _____
_____
_____
_____
_____

20___

20___

20___

20___

20___

20___ _____

_____

_____

_____

_____

20___ _____

_____

_____

_____

20___ _____

_____

_____

_____

20___ _____

_____

_____

_____

20___ _____

_____

_____

_____

_____

NOVEMBER 26

20___

20___

20___

20___

20___

20___

20___

20___

20___

20___

20___

20___

20___

20___

20___

20___

20___

20___

20___

20___

20___

20___

20___

20___

20___

DECEMBER 1

20___ _____
_____
_____
_____
_____

20___ _____
_____
_____
_____
_____

20___ _____
_____
_____
_____
_____

20___ _____
_____
_____
_____
_____

20___ _____
_____
_____
_____
_____

DECEMBER 2

20___ _____

20___ _____

20___ _____

20___ _____

20___ _____

20___

20___

20___

20___

20___

DECEMBER 4

20___

20___

20___

20___

20___

DECEMBER 5

20___

20___

20___

20___

20___

DECEMBER 6

20____ _____

20____ _____

20____ _____

20____ _____

20____ _____

DECEMBER 7

20___ _____

20___ _____

20___ _____

20___ _____

20___ _____

DECEMBER 8

20___

20___

20___

20___

20___

DECEMBER 9

20___

20___

20___

20___

20___

DECEMBER 10

20___

20___

20___

20___

20___

DECEMBER 11

20___ _____

20___ _____

20___ _____

20___ _____

20___ _____

DECEMBER 12

20___ _____

20___ _____

20___ _____

20___ _____

20___ _____

DECEMBER 13

20___

20___

20___

20___

20___

20___

20___

20___

20___

20___

DECEMBER 15

20___

20___

20___

20___

20___

DECEMBER 16

20___

20___

20___

20___

20___

DECEMBER 17

20___

20___

20___

20___

20___

DECEMBER 18

20___

20___

20___

20___

20___

20___

20___

20___

20___

20___

DECEMBER 20

20___

20___

20___

20___

20___

DECEMBER 21

20___

20___

20___

20___

20___

DECEMBER 22

20____

20____

20____

20____

20____

DECEMBER 23

20___ _____

20___ _____

20___ _____

20___ _____

20___ _____

DECEMBER 24

20___ _____

20___ _____

20___ _____

20___ _____

20___ _____

DECEMBER 25

20___

20___

20___

20___

20___

20____ _____

20____ _____

20____ _____

20____ _____

20____ _____

DECEMBER 27

20___

20___

20___

20___

20___

DECEMBER 28

20____

20____

20____

20____

20____

DECEMBER 29

20___ _____

20___ _____

20___ _____

20___ _____

20___ _____

DECEMBER 30

20___

20___

20___

20___

20___

DECEMBER 31

20___

20___

20___

20___

20___

DATES TO REMEMBER